AF397749

Fernando Nicolás Fortunato, 2020
Impresión y editorial: BoD – Books on Demand
info@bod.com.es – www.bod.com.es
Impreso en Alemania – Printed in Germany

ISBN: 9788413262369

# Poesías de Café

Fernando Nicolás Fortunato

El contacto humano
En su faceta mágica
De irrevocable poder
Sobre lo supra humano
Que serpentea
en los arrecifes
de la intransigencia mundana
Derrocable fragmentación de lo divino
E irritable demostración de lo
transparente del ser
Que naufraga por el mundo
Como un mendigo estúpido, sin puerto
Dios no abre los ojos a los condenados
Su ceguera es fundamental
Para que surja la competencia poética y
violenta del sexo
Y el arte
Solo aquel que derrama su néctar en miel
artística
Se embriaga
Sin más rencor que una palabra muda
La presencia deja huellas, sobrevuela el
presente
Como una gotera del tiempo
Derrama la sal en mí
Acepta el pecado moral de ser tú mismo
La saliva de tu amante
Aglutina el tiempo en orgasmos y pequeñas
muertes
Pulsar y expulsar
La presencia de dios
En el azúcar
Oscila la sangre y golpea los huesos
Las vísceras claman
El ángel espera
Campos electromagnéticos comparten el giro
Ya no es mañana hoy
Y los vidrios estallan como la niebla

Siempre hay hambre
de esperanza y de fe

En el desierto
hay hambre de venganza en la esperanza
hay hambre en la fe
no se detiene lo irreal
por cristo
en la fe derretida

Los pies de los leprosos
resisten más camino
hasta el final
muerden las piedras
al respirar

No se detenga
el girar
en la sed no llueve
hasta el final

Lenguas jadeantes
huelen muy mal
ya no absorben
lo esencial

Los ojos se invierten
al desear
solo se encuentra
lo que no esta

La alegría se hunde
como ancla en el mar
cuando el dolor de los hermanos
florece al menguar

Duerme ya duerme
en lento soñar
nos casaremos mañana
al despertar
con este mundo brutal
desplomado y sin mas

# ANIMAL

Perdido el camino, perdido el sentido
Un paso más cerca para saber
cómo tratar con el animal que hay en mí
Se queda solo en la nieve
Profundamente y lejos de mi mierda
La vida se acorta
y busco en las distancias
el camino hacia él
Tan cerca esta, que no puedo verlo
Quiero hacerle un regalo hoy
Quiero darle pieza por pieza toda mi carne
Antes de morir de destino humano
Le entregare toda mi carne
Así me convertiré en cenizas
y seré parte del viento
Para seguir viajando para siempre
lejos de mí

**TANGO**

Como sufrir es amar y amar es partir
Parto de este sufrimiento
de las distancias
No me apego más a los íntimos abrazos
Que presentes conforman la ausencia de mí
Haciendo evidencia
De esta demencia
Soledad corrupta y decadente
Que anhela y abandona
Mucha materia para tan poco corazón
Todo se hace forma y se retira la luz
Ya ni la sombra
deja su calor en mí
Y vendrán los amigos a alejar las moscas
A reiniciar el proceso de defunción
Ya ni el entierro, ni el agujero
Donde nadie fecunda sobre este cielo
No me dejes nombrarte si he de quererte
Los nombres matan el sentimiento
Así como nos hiere el tiempo
Ya no llueve fuera, llueve dentro
Donde se perdió el sentimiento
El clima cambio
El paraguas de la mentira
Está lleno de agujeros
Ya en mis zapatos se derrama la verdad
Pateamos bombas y gritamos goles
Nos malgastamos las horas
Viviendo más pobres
Y empiezo a pensar que el amor es caro
La fiesta término, nadie se queda a barrer

**Masturbación sentimental**

No es suficiente
Masturbación mental
Visual
Sangra y no eyacula
No acaba
Sigue erguido
Inmoral
Alcohol mezclado con semen
Grandioso cocktail
Me monto en tu espalda
Soy tu amo
Dos horas más, erguido
Podría atravesarte
No puedo atravesarme
Mástil de la bandera de la falsa
masculinidad
Linyeras, putas y alcohol en la misma
botella
Un germen de grandeza depositado en los
testículos
Pende frágil y sensible entre tus piernas
Vapor que se abre entre las tuyas
Como un delicioso vino que quiero lamer
Para embriagar mis sentidos
¿Estoy solo en esta cama?
Lubrica mis percepciones, pues no entiendo
Pecado incontrolable
Consume
Consume orgullo
Esperma espeso y pegajoso
Tapando cicatrices
Si pudiese eyacular la soledad
Sí tan solo pudiese masturbarla
Sin sentir un triste y amargo orgasmo
Lagrima genital
Un paso más entre tus labios

Sueños y orgullo cubiertos en látex
Represor de la creación
Latente en la cama, otra prostituta
No me recuerda a mi madre
Tan solo rento una para esta noche
Me acurrucare en posición fetal entre sus
brazos
Y absorberé de sus amargos pezones la
nostalgia de un viejo deseo

**Solo un punto**

¿Qué busco?
¿Qué encuentro?
Buscando amor nuevamente
Con la escudilla vacía
Rasgando silencios
En busca de alimento para el hambriento
espíritu
Sin aspirar a nada más que una naranja
Buscando energía
Compartiendo
Las mentiras de los niños
Las lágrimas de los niños
Quitando piedra por piedra del jardín
Lloro de pena y estío
Cansado de tener que transitar por los
caminos del dolor para admirar la belleza
Desnuda frente a mis ojos
Hago el amor a tu ausencia
Mujer sin rostro
Buscando el amor universal
Ese que parte de la danza
Me violo a mí mismo
Hasta que encuentre el sexo que me viole
Harto de buscar
Ahora me siento y espero
Que venga a mí
Solo me siento y extiendo los brazos
En una mano la escudilla vacía
Y en el otro alimento
Pensar que ayer
Me alimentaba de los nutrientes de mi
pecho
Y transitaba la castidad
Ahora, soy violado por pensamientos
equívocos
Se que no es el momento del silencio

Y ya habrá tiempo para la soledad
La soledad es infinita
y la compañía es tan solo un punto
tan solo un punto
pero tan necesario
cuerpo ausente de caricias
quiero ser acunado
y quiero acunar
El camino es infinito
Y yo soy tan solo un punto
pero sigo caminando
aunque no todos me acompañen
sigo caminando buscando a ese pájaro y a
esa flor
El amor es una práctica
en la cual me siento perfeccionado
El amor es infinito
y yo soy tan solo un punto
la amistad es el cobijo de mi alma
La amistad es infinita
y no se si soy un punto
La muerte y la vida son infinitas
y yo soy un punto que los une por instantes
La felicidad es infinita
y la tristeza tan solo un punto
a veces tan idiota como para pensar que ese
punto es el infinito
Un punto es infinito, dentro de otro
infinito
Mi mente se convirtió en espíritu
Y ahora nadan juntos
Mi espíritu es infinito
Y mi mente es un punto

Ya no se en que presencia o ausencia
se derrama esta vida y esta demencia

**No hay amor sino es en mi**

No vengo a ti a mendigar amor, hoy no
Vengo a ofrecerlo
A dedicar mis noches y mis poemas a una
sola flor
A ofrecerte el calor de un guerrero
De un padre en evolución
Vengo hoy frente a ti como un vuelo de
bautismo
Frente a una mujer que parece etérea
Vengo a ofrecerte el espacio sagrado de mis
sueños
Y el fulgor de mi espada
La seducción del alma es incomparable
La proyección de un poema a
un rostro todavía desconocido también lo es
Pongo la fe nuevamente en este sendero
Solo si la energía es resonante
podremos oscilar juntos en la frecuencia
del amor
Este viaje lo llamo un viaje de fe y de
esperanza
Aun así vuelva abatido y vacío de realidad
Mi alma participo y se ofreció
Pura y sanamente

Todo lo que no sucede es porque no sucede
en el alma
El alma insemina toda acción antes de que
esta se ejecute
De lo contrario es estéril
El que peca con fe no peca por idiota
No hay amor si no es en mí

# TAITOKU

Cuando el alma toma posesión del cuerpo,
Usa la carne como voz,
La conciencia se disuelve entre los huesos,
La mente se ahoga entre los sentimientos,
Nuestro ego tiembla frente a la idea de ser
dominado por la expresión suprema
¿Es posible volver sin degollar la
conciencia?
La vida , la muerte, la luz, la oscuridad, el
amor, el odio
Parado en el medio del vació
dilucidando destellos de la realidad más
íntima del ser
El alma se convierte en un líquido luminoso
que inflama como un miembro erecto
para dejarte al instante en el suelo
derretido y sin nombre
el espíritu busca expandirse usándote como
medio
siento la expansión en mis costillas y mi
tantien al respirar
la mirada se pierde en la confusión
desnudo y vació en el suelo,
¿Estoy de pie?
¿Estoy yaciendo en el suelo?
¿Estoy todavía en mi cuerpo?
de cualquier forma floto
deteniendo el tiempo
posesionándome del tiempo
Soy tiempo
ya ni las preguntas, ni la noche queda en
pie
ya la música se convirtió en carne
ya no quedan esperanzas de ignorancia
Arrástrate hacia la verdad

Abandónate
Entrégate a la visión
No eres ni siquiera el espacio
Ni la sombra
Ni la ausencia de tu ser
Ni el vació que deja tu cuerpo al avanzar

## Fraccionar la nada

Vivir es fraccionar la nada
no hay meta real
pasillos sin salida de la moral
sin capital espiritual
el desierto avanza
la piedra toma territorio
no hay tierra fértil aquí
solo la distancia respira
lo estacionado fermenta y no se hace
espirituoso
solo el vino mejora con el tiempo
el resto es silencio
el sonido de las sombras desgarrándose
no soy quién para intervenir en el proceso
pero el sonido me contorsiona
epilépticamente
y ya no distingo luz
ya no hay energía digerible
¿Dónde está mi pájaro?

## Sombra

A veces en la oscuridad me pregunto
¿Seré yo esa sombra?
A veces no estoy solo
Soy mi sombra y yo
Compañero insoportable
Faldero
Alcahuete de la muerte
Testigo de mis vigilias
Y mis errores
¿Seré yo esa sombra?

## Noche

Noche ausencia
Pero no de mí, ni de Dios
Noche en mi
Ahora vacío fiel
Estrella muda
que me guía

# Caminar

Camino tan solo a donde me llevan mis piernas,
Marionetas del destino,
Pienso tan solo caminos para encontrar a mi
corazón y mi sangre
Existo tan solo para respirar una bocanada de
felicidad
Recorro tan solo a donde me lleven tus labios
Puerta del deseo
Mi cuerpo está ausente de caricias
Amor, vino de mi alma
¿Cosecha tardía o temprana?
Nunca probé mejor vino que el de mi sangre
Pero estoy dispuesto a seguir catando
Vivir con una sonrisa en la boca
Sin mostrar los dientes
Vivir sin ocultar nada más que los huesos
Pero vivir con lágrimas dulces en los ojos
Caminar sin saber a dónde
Encontrar sin saber lo que buscas
Amar sin saber a quién
Vivir sincero,
Llorar sincero,
Amar sincero,
Partir sincero.
Donde esta puesta mi carpa esta vez
Un paisaje nuevo, un perfume, un camino
Dispuesto a recorrer sin ropa ni vestiduras,
disfraces del alma
Música sale de mi vientre
El embarazo del hombre
El silencio no es una opción sino un privilegio
Los recuerdos son imágenes de lugares muertos
El recuerdo es un cementerio de viejas
sensaciones,
Aunque a veces es lindo ir a dejarles una flor
Arte, abrigo y vientre de esperanzas,
Nos encontramos nuevamente por los pasillos de
mi alma
Solo nací para ser feliz

**Ojos**


Ojos como lanzas de cristal
Me atraviesas y me sublevo al poder de tu
belleza
Tu mirada atraviesa el espacio
Encadenando energéticamente el vacío
Genera el magnetismo
Un campo gravitatorio donde orbito como un
satélite hipnotizado
Me elevo como el incienso mientras rezo

## Humedad en las paredes

El amor diluido en fugacidades
De destellos intermitentes
En personas diferentes
En el frio de la cama
Y la humedad de las paredes
Que dejaron su sudor y sus ilusiones
Impregnadas en esta habitación
Pasarela de afectos, intentos fallidos del
sentir
Con esta lengua insípida que ya no censa
Ni late
Tengo el empuje, pero no el sentimiento
El amor ya paso, solo el recuerdo de aquel
amor perfecto
Que ya no late
Y no latera jamás
¿Quién sobrevive a los designios del
tiempo?
¿Quién habita sin fuego una casa?
Solo la letanía, el letargo
De anhelar más la muerte que el amor.

## Mar

El mar regresa como el deseo
¿Saldrá el sol mañana?
¿Dónde descanso el amor todo este tiempo?
¿En cristales rotos?

Mis alas, otra vez acá
Retornas a mi como los pájaros al viento
Con mis brazos abiertos
Y los ríos en mis venas como naufragios
sedientos
¿Qué será de la pasión sino guerra de los
sentimientos?
¿Qué será de la ternura perdidas entre tus
brazos y tus plumas?
Sediento de ti, de ti en mí, de mi en ti, de
tu en mí, en nosotros.

No creo en el tiempo
El tiempo es tiempo
Mentira como las palabras
Verdadero como el sentimiento
Patria, patria en mí, en tu, en nosotros,
No tiempo
No más mesura del sentimiento
Ni metros, ni distancias, ni temperaturas,
ni Farenheits, Celsius, ohms o mentira de
las mesuras.
Amor, por Dios amor
Amor, te amo, nosotros, amor
La duda es la mente, la duda es la muerte.
Ahora, Jetzt
Ahora, te amo, pasión, nosotros.
EL aire que incendia mis pulmones
Tu aliento que genera vida y chispas, ahora
Dios en todo esto, escondido tras los
arbustos

Colocando oro en tus bolsillos,
En tus ojos
Alquimia, que desgarra, que danza, que
muerde.
El empujar, el saltar, el volar, la gravedad
Todas artimañas del tiempo
Y de Dios, Dios es tiempo, el tiempo no es
Dios
Dios es el sentimiento en la carne
Siento a Dios en mi por vos, con vos soy
Dios, eres Dios
Somos, nosotros amor.

Le he escrito un poema a Dios con mi sangre
He impregnado mi cuerpo con la vida, el
dolor y el horror.
He sufrido el dolor de aquel que escribe su
historia
Y la tatúa en su cuerpo
Eh abandonado mi cuerpo, mis huesos, mis
plumas
Para poderte hallar
En el rincón más hermoso del silencio
Te halle como una lagrima en el mar
Como un suspiro en un atardecer
Desde que estas, ahora, mi único
vocabulario es
GRACIAS
Buscando a Dios te encontré

## Orbita

El amor orbita, nunca se posa.
Ojalá el amor encuentre el camino.
Y la fuerza para penetrar la atmósfera del
hastío.

# Vacío

El rezo se materializa instantáneamente
Dios entra en el vacío del silencio
y lo habita en luz

## Venas

Dejo las venas como las heridas, abiertas
Para que la luz penetre en ellas
No quiero sanar
Esta luz solo entra en el dolor
Y en el silencio de esta soledad sin
precedentes
Mientras tu duermes, mi mundo tiembla
Viejos dolores, viejos amores
¡Deja que la luz penetre!
La retraes con tu oscilación tierra cielo
Este corazón piezoeléctrico
Vomita, así como ríe

## Alquimia

Alquimia es tomar los escupitajos de la
muerte sobre tu rostro
y convertirlos en diamantes

Puedo decir que eh detenido la mente
Puedo establecer el silencio como estado común y
natural en mi
Meta máxima y sagrada
Para tener mis oídos alertas
A la voz de dios
Soy casa vacía, habitable por estados que yo
elijo
Soy silencio, naturaleza
Puedo decir que soy
Soy feliz porque lo elijo
Soy el amor porque lo elijo en mí ser
Puedo elegir el camino, el sentimiento y con
quien
Puedo expresarlo o no, no hay necesidad
Ni artificio, ni ilusión
Solo fe, curiosidad y esfuerzo
Toneladas de esfuerzo
Donde pongo la intención se materializa
Es simple como un comando entre mi alma y la
materia
El puente de comunicación es el vacío
Donde otros ponen el obstáculo, yo veo la
posibilidad
Cualquier fuerza puede ser reutilizada y
convertida en ganancia
Las únicas pérdidas son de las personas
No hay pérdida material
Lo que se pierde es porque se perdió el
sentimiento
Todo está en nosotros, el mundo es nuestro
reflejo
Es un sueño creado por nuestros miedos y
anhelos
Nuestro purgatorio espiritual
Totalmente virtual
Una simulación que recrea nuestro espacio
interior
La mente es la llave, la matriz, el obstáculo
La mente no somos nosotros, es un demonio
Un enemigo y al enemigo se lo mata
La duda es la mente, la duda es la muerte

# El silencio reposa en la diana

Un río
Un río que fluye desde adentro
Un río que fluye en el silencio
Que fluye en el silencio de la palabra
En el silencio de los gestos
De las comisuras de tu boca
Silencio del alma que ayuna
Silencio del pájaro que espera que la madre
arroje con amor la comida en su boca
El silencio del amor
El silencio es tierra fértil
El silencio y el vació contienen la
posibilidad de contener todos los elementos
de la tierra
Y de sus almas
Mi nombre es silencio
Mi cuerpo es silencio
Silencio que grita y aúlla
Silencio que ríe
Lo que estoy haciendo en este momento no es
silencio
O quizás solo son palabras sin sonido
Sin ninguna boca que las lea en voz alta
Silencio del lector que las leyó
Ahora me alejo
Ahora me voy
Si tu nombre no me reclama
He conseguido mi propósito

**Rejas**

Vengo de una tierra que nos acostumbró a vivir
entre rejas
aunque el mundo prometa jaulas
uno encuentra la libertad en la búsqueda
¿será la libertad un sentimiento del
movimiento?
¿y qué es lo que se mueve realmente?
No importa el paisaje, solo la energía y su
resonancia
¿que busco afuera? busco ojos, miradas.
Quiero saber que anhela, desea y ama la gente de
otras tierras
Apagar las reminiscencias de esta ciudad
maldita
la advertencia sobre el riesgo de vivir aquí
apagar el sonido de los miedos
voces ajenas
el alma no teme mientras se le prometa un
destino
El alma nunca naufraga, no mendiga y no duda
hacer de tu cuerpo y tu presencia una plegaria
hacia la libertad
aunque sea solo ficticia
darle al corazón algo más que un latir
darle a la piedra un movimiento , una rotación,
una sombra
darle al amor un silencio
dar hasta quedar vacío, liviano
quitarse la cruz de una patria
quemar un documento
quemar un nombre
quemar tu sombra
no sucumbir a vicios chicos , ni mediocres
no esconderse de los espejos
embellecernos más con lágrimas que con oro
no aceptar amor sino es puro
no aceptar el dolor sino es fiel y profundo
no aceptar la muerte un sábado a la tarde
tomando un te
aceptar a la muerte ofreciéndole un té
no vivir sin música, sin perros, sin hambre, sin

deseos
no sobrevivir mas
no alejarse ni correr de la muerte
aceptarla como una compañera, única compañía
real del solitario
caminar mucho y hablar poco
ver poca gente pero muchos pájaros
no dejar que tus alas se arrastren al caminar
si vas a mentir que sea un gran arte y con
alegría
cada vez que trabajes piensa en lo que pierdes
el tiempo que pierdes sin leer libros, sin mirar
películas, sin reír con un amigo
sin combatir metas efímeras
nunca olvides que no eres nada y no tienes nada

**Destellos**

La vida no se desvanecerá entre mis dedos
Ni se derretirá en la niebla
Estaré ahí, en ese rincón
En ese momento
En ese lugar
Esperando un destello de belleza

**Muerte**

Uno nunca sabe si la muerte nos alejara o
nos acercara de la frontera de la
existencia y la no existencia

¿Se puede morir sin nunca haber nacido?
¿Se puede nacer sin nunca haber muerto?

En la muerte
 El bebé acaricia al anciano que padece
Lo acuna
 Perdonándolo, por haberse alejado de él

## Hogar

Nunca llamare hogar a las sombras
Que perturban mi silencio Gris

# Disgregado

Estas tan disgregado que no te veo
Estoy tan disperso que no me encuentro
Soledad necesaria e infinita
Fiel compañera
Enterrarse para sembrar la niebla
Donde las miradas no me alcanzan
Bato mis alas para sentirme vivo
Disperso, distendido, vomitado
En las cenizas del amor el mundo se ve gris
No importa el idioma
No hay nada que expresar
Caminar la vida
Atravesar personas como blancos de niebla
Encontrar en la oscuridad
lo que me une a mi

**Hotel**

Esperando todo el día en esa habitación de
hotel
Que los paisajes se fundan
Y entren en mi piel
¿Como experimentar la verdad de cada
ciudad?
Escondida detrás de los anuncios de neón
Donde la gente corre y se camufla de
vanidad
Para ser invisible
Veo miedo, toneladas de miedo
Estamos matando el futuro
Si no escribimos poesía
Y miramos al mar a los ojos
Y colaboramos con una lagrima
Y nos alejamos de las nubes
Y de la calma
Dios no está en las vidrieras
Ya lo eh corroborado

# Pedir

¿En qué momento dejamos de llorar por la
leche de nuestra madre?

¿Porque dejamos de pedir con fervor lo
esencial?

# EL REFLEJO DE TU INCOMPRENSION
(Para Saber)

Soy el reflejo de tu incomprensión
Me buscas donde no hay puertas
Te sientas detrás de mi
Tocas lo que toco
Miras lo que miro
Intentas sentir lo que siento
Pero no lo alcanzas
Quieres mi cuerpo
Lo quemas
Cambias de piel
Pero tu carne grita
Me odias
Me amas
No lo sabes
Miras mi reflejo
Pero nunca viste mi imagen
Fantasmas del pasado te susurran
Las cuerdas cortan tus dedos
Te ahorcan
Le mientes
Les mientes
Ellas te observan
Juegan a ser tus esclavas
Pero vuelven a cortar tu pecho
No lo entiendes y lloras
Culpas a tu perro
Tu perro no conoce la libertad
Pero te muerde en silencio
Su alma llora y gruñe
Tú le sonríes con dientes falsos
Él ríe con lagrimas
Te ladra
Quiere tapar el sonido de tu violín
Le ordenas que se siente y se haga el muerto
Él obedece, no conoce otra ciencia
Que jadear cuando tú lo ordenes
Me miras, me muestras tu rebelde correa
Me río
Intento quitártela
Muerdes mi mano

Ladro para hacerte reír
Abres tus piernas
Tomas mi sexo
Lo pones entre tus piernas
Finges felicidad
Te miro desde la esquina de la habitación
Tienes mi cuerpo
Pero mi alma no se encuentra ahí
Sino en el universo
Te ofrezco la puerta delantera
La crees falsa y te estrellas contra la pared
Muerdes tus propios dientes
Te escondes en dos direcciones
Me buscas, pero no me encuentras
Pisas sobre mis pasos
Pero las huellas no demuestran ningún camino
Me acuesto en el suelo
Soy suelo
Pero no puedes pasar sobre mí
Me buscas en el televisor
Buscas detrás de mí, pero no me encuentras
Tomas las cenizas e intentas moldearme
Pero el viento destruye tu obra
Te agradezco
Pero sigo caminando
Te veo pequeña
Te quiero agrandar
Pero te escurres
Quieres caminar mis caminos
Los caminos que me enseñaron
Pero no te enseñan
Te quiero mostrar tus caminos
 pero no me escuchas
los caminos se alejan
¡También los caminos caminan!
Te guardo en este papel
Un hola
O un adiós
Un precipicio
Una ficción
Una crucifixión
Mi sombra baila a tu alrededor
No quieres bailar con ella

Ella te quiso
Por eso no te acaricio
Ella te beso
Es por eso que no quiso apoyar sus labios sobre
los tuyos
Ella danza en la oscuridad
En la noche
En tus sueños
Tras la imagen de tu perro
Apagas la luz para que mi sombra te abrace
Pero ella se diluye y muere en la luz
Quieres soñar mis sueños
Pero en cambio sueñas con mi sombra
Y tu perro mordiendo tu mano
La verdad no mordió tu mano
No puedo enseñar
El silencio no te hablo
No puedo enseñarte
El frío no te abrigo
No puedo enseñarte
Palabras
Palabras
Silencio
Silencio
............

## Te Vas

Te miro
Me miras
Me amas
Te amo
Me comprendes
Te comprendo
Eres mi amigo
Mi hermano
Te miro
Te escondes
igual te miro
Mi mente no te entiende
Mi alma te siente
Te abraza
Muestras cuando escondes
Escondes cuando muestras
Agradeces cuando insultas
Insultas cuando agradeces
Golpeas para abrasar
Temes que te abracen
Golpeaste cuando te abrasaron
Temes abrazar por temor a golpear
Buscas para atrás, pero no te encuentras
Eso te confunde, pero te ríes
Sonríes a las mujeres
Pero cuando ellas te sonríen, corres
Una sombra te persigue
Tiene nombre de mujer
Quieres redimirte
Dijo que te perdonaba
Pero algo falta
No lo encuentras
Lo buscas
Lo anhelas
Me miras
Te alejas
Me amas
Te vas
Me odias
Te acercas

Dibujas
Lo borras
Y te vas
Vuelas
Te arrastras
Vuelas
Te acercas
Te vas
Bailas
Te miran
Te asomas
Te tropiezas
Y te vas
Vuelves a bailar
Cuando nadie te ve
Bailas como un ángel
Te sientes observado
Te tropiezas
Te vas
Te dibujas
Lo tachas
Tragas el papel
Tomas un lápiz
Y lo vuelves a expulsar
Te vas por miedo a lastimar
Te vas por miedo a que te lastimen
No apuestas
No pierdes
No ganas
Te vas
Pero sigues bailando en ríos helados
Crees
Dejas de creer
Vuelves a creer
Sientes
No sientes
Por eso te sientes mal
Vuelves a sentir
Te hamacas
Pero no te divierte
Te admiro
Te amo
Me amas

Me odias
No lo sabes
Hablas en silencio
No sabes que te escuchan
Al cubrirte
Te muestras.

# SCHLANGEN
## (Serpientes)

Camino escapando de la ciudad
El tránsito, la fiebre, el delirio
El ego, la grandeza, los títulos
Llegue a un pequeño desierto
Solo muy de vez en cuando escucho los sonidos
que provienen de la ciudad
¿Estoy fuera?
¿Estoy dentro?
¿No estoy en ningún lado?
¿O en todos lados?
Que importa
Me siento en silencio
De noche se acercan
Las serpientes a mi fogata
Me observan tras las rocas
Las presiento, las siento
Las siento y las observo
Las odio
Odio sus ojos envidiosos
Miran mis piernas hartas de arrastrarse
No me comprenden
Las comprendo
Las observo
Las siento
Y las vuelvo a parar
Se caen
No tienen piernas
Hablan y susurran tratando de imitar mi idioma
Se ríen
Lloran
Me aman
Me odian
Esperan que yo hable
Para hablar encima mío
Se ríen
Lloran
Me aman
Me odian
Me desnudan, me visten

Juegan
Cantan canciones tristes de alegría
Dicen palabras que no comprenden
Giran alrededor mío
Toman de mi vaso
Lo escupen
Lo limpian
Ríen
Lloran
Me observan
No me sienten
Me sientan
Me paro
Corro
Caminan
Gatean
Corro
Me escondo
Me encuentran
Me escondo
No me encuentran
Las busco
Hablan
Pero no conocen mi idioma
Yo conozco el suyo
Pero no lo hablo
Lo entiendo
Pero no lo hablo
Les demuestro que si
Pero mi garganta corre
Las dibujo
Las borro
Las siento
Y las vuelvo a parar
Se caen
No tienen piernas
Hablan
Escupen veneno
Hablan
Tosen veneno
Hablan muy rápido
Demasiado Rápido
¡Deténganse!

¡Basta!
Su boca se traba
Mordieron su lengua
Ahora el veneno fluye
Caen
Si nunca haber estado de pie

# A EL

No lo miras
Sonrió
Lloro
Me entierro
Me desentierro
Rio
Vuelvo
A morir
Respire
He respirado
Para asfixiarme en la emoción
Fantasma
Lo soy
Sin carne
Energía
Un ángel
Un demonio
Fantasma
Lo soy
No existo
Soy la imagen del fantasma
De un bebe
Intentando sin éxito
Encajar el cuadrado en el triangulo
Mi brazo se tuerce
Hasta cuanto podré soportarlo
Podré ver tu sombra
En silencio
Alimenta mi corazón
Comida ya masticada
Por ningún pájaro
Lleva del útero a la boca
La comida sin nutrientes
En una cueva
De un color
Un sonido
Desgarra la piel
Sospecho
Fuera de mi pecho
Un abrazo sin brazos

Una caricia sin manos
Una esperanza muerta
Me entierro
Me desentierro
Salgo sin saber donde
Putrefacción de mis facciones
Hedor antiguo y disecado
Entre mis ojos
Sin lágrimas
La frágil rama toma fuerza
Se posesiona del árbol
Intento mostrar caminos
No puedo
No puedo
No sin piel
No sin carne
Harto
De confusión
Tartamudeo en mi alma
Fantasma es lo que soy
Nadie sabe si existo
No me siento ofendido
Lo comprendo
Ahora
No lo se
Que vendrá del sol
Armo mi mochila
Pero quien me carga a mí
Un gusano roe en mi alma
Un fantasma
Un abismo
En el cual nadie quiere sumergirse
¿Dónde se encuentra el vino que una vez me
embriago?
Deseo
Deseo
Una tierra de palomas
De espaldas mirando el sol
Bailo en mi funeral
Bailo
Al lado de mi cuerpo
Lo miro y acaricio
¿Podré irme con la chica linda del entierro?

Esa que teme yacer junto a mí
¿Podré caminar desnudo entre la gente?
Sin sentir dolor

## Lagrimas

Es tan importante llorar las lágrimas de
los pobres
Que no tienen tiempo, solo sangre en las
manos
Llevando el pan ensangrentado a la mesa
Y el orgullo porteño, mejor que cualquier
parisino
Revolcado en la basura
No hay grandes alcohólicos en Argentina
La realidad ya nos tiene mareados
Y vivimos en la curda del dolor
Nuestra alma habita en el arrabal de todas
las culturas
Pero los ricos abren la ventana a la noche
para escucharnos cantar
No soy fácil de asustar, pero tengo la
lagrima fácil
Tu vida dura Buenos aires me alejo
Y hoy le canto como a un amor no
correspondido
Camino por Europa con dolor de tango
Esa imposibilidad tuya nos hace románticos
Cuando te escribimos un poema y nos das la
espalda y miras a otro lado
Vuelvo a mi casa frustrado, pateando
piedritas y esquivando pocitos de la calle,
pobreza y a este pobre corazón
Entre nosotros Buenos Aires siempre estuvo
el mar

## Colonialismo

Así como donde hubo asesinatos
Hoy se yerguen monumentos
Así escribo sobre mis sentimientos
asesinados
Como una fría galería de arte manchada en
sangre
Colonialismo de sensaciones buscadas
Violadas y saqueadas

Ese olor a follaje congelado, a rocío y gris
penumbra. Una densa niebla se cierne sobre
mis parpados, diciéndome "ciérralos, no hay
nada que descubrir hoy". Todo permanece
estático y retiene el aliento. Los pájaros se
han mudado con las hojas de los árboles y
con ellos mi deseo de volar.
Todos los días son idénticos, estáticos y
estériles en este bosque, pero sin embargo es
mi deber volver y volver. Nadie me pide
observación, pero no soy impune a mi
presencia. Tengo frio, tengo calor, no tengo,
soy en cuerpo este paisaje. Solo uno mide su
cuerpo con relación a lo demás. Pero cuando
soy el afuera carezco de temperatura y de
tacto. Hay un dispersarse amargo en mi
exhalación que no se eleva. El hielo
desciende como cuchillos desde las ramas de
los árboles. Como una violencia inanimada.
No me identifico, pero tampoco estoy ausente.
Este bosque cruel echa raíces desde mis pies
jugando a la inmortalidad y al mismo tiempo
transformándome sin mi consentimiento. Lo
dejo ser y continuar con su macabro plan.
Mientras me hundo en sus entrañas de barro
y raíces secretas. El aire gélido se adhiere
con sus púas en mis pulmones. Pienso en las
espuelas de los jinetes clavándose en los
caballos. Siento su dolor. Pero estas púas,
este aire me obligan a permanecer y ceder.
Dejarse perforar, así sin más, si de todos
modos ya estamos perforados por la muerte y
goteamos vida detrás de nuestros pasos